Learning to Get Along®

Listen and Learn

Escucha y aprende

Cheri J. Meiners, M.Ed.

Ilustrado por Meredith Johnson
Traducido por Edgar Rojas, EDITARO

free spirit PUBLISHING®

Library of Congress Cataloging-in-Publication Data
Meiners, Cheri J., 1957–
Listen and learn = escucha y aprende / Cheri J. Meiners, M.Ed. ; Ilustrado por Meredith Johnson ; Traducido por Edgar Rojas, translator.
pages cm. — (Learning to get along series)
In English and Spanish.
ISBN 978-1-63198-039-8 (pbk.)
1. Listening—Study and teaching (Early childhood)—Activity programs—Juvenile literature. 2. Attention—Study and teaching (Early childhood)—Activity programs—Juvenile literature. 3. Social skills—Study and teaching (Early childhood)—Activity programs—Juvenile literature. I. Johnson, Meredith, illustrator. II. Rojas, Edgar, translator. III. Meiners, Cheri J., 1957– Learning to get along. IV. Meiners, Cheri J., 1957– Learning to get along. Spanish. V. Title. VI. Title: Escucha y aprende.
LB1065.M373 2015
372.69—dc23
2015007207

ISBN: 978-1-63198-039-8

Edited by Marjorie Lisovskis
Translation edited by Dora O'Malley, EurUS Inc.

Printed by: 70548
Printed in: China
PO#: 18465

Free Spirit Publishing
An imprint of Teacher Created Materials
9850 51st Avenue North, Suite 100
Minneapolis, MN 55442
(612) 338-2068
help4kids@freespirit.com
freespirit.com

FSC
www.fsc.org
MIX
Paper | Supporting responsible forestry
FSC® C144853

Dedication

To David and our children Kara, Erika, James,
Daniel, Julia, and Andrea, for listening!

Dedicatoria

Para David y nuestros hijos Kara, Erika,
James, Daniel, Julia y Andrea.
¡Gracias por escuchar!

Fun with Numbers
Diversión con los números
1 2 3 4
5 6 7 8
9 10
T
Truck Camión
Table Mesa

There is so much to learn about the world.

Hay tanto que aprender sobre el mundo.

May 5
5 de mayo
May 12
12 de mayo
May 17

Listening helps me learn.

At school, I listen when my teacher talks.
I want to hear and understand.

Escuchar me ayuda a aprender.

En la escuela escucho cuando mi maestra habla.
Quiero escuchar y entender.

When I listen,
I use my body, my eyes, and my ears.

Cuando escucho
utilizo mi cuerpo, mis ojos y mis oídos.

I stay quiet. When my mouth and body are quiet, everyone can hear.

Yo permanezco callado.
Cuando mi boca y mi cuerpo están callados,
todos pueden escuchar.

I look at the person who is speaking.
I watch what the speaker does.

Watching helps me understand the speaker's ideas.

Miro a la persona que está hablando.
Observo lo que está haciendo.

Observar me ayuda a entender las ideas
de quien está hablando.

I think about what I hear.
Thinking helps me learn and remember.

Pienso sobre lo que estoy escuchando.
Pensar me ayuda a aprender y a recordar.

How We Listen
1. Keep quiet.
2. Look at the speaker.
3. Think about what you hear.
Cómo escuchamos
1. Permanece callado.
2. Mira a quien está hablando.
3. Piensa sobre lo que estás escuchando.

Sometimes I listen carefully, but I don't understand.

Algunas veces escucho cuidadosamente
pero no entiendo.

I can ask questions.

Puedo hacer preguntas.

Sometimes I am in a group.
In the group, I can tell my ideas.

Algunas veces estoy en un grupo.
En el grupo puedo expresar mis ideas.

I can answer questions, too.

My teacher and classmates listen when I talk.

I like being part of the group.

También puedo responder preguntas.

Mi maestra y mis compañeros de clase
me escuchan cuando hablo.

Me gusta ser parte
del grupo.

Sometimes my teacher gives directions.

Algunas veces mi maestro da instrucciones.

I look and listen carefully.

I want to hear and understand so I know what to do.

When I listen and do what I'm asked to do,
I'll be ready for what comes next.

Lo miro y escucho cuidadosamente.

Quiero escuchar y entender para saber qué hacer.

Cuando escucho y hago lo que se me pide,
voy a estar listo para lo que viene después.

It might be something really fun!

¡Podría ser algo muy divertido!

Sometimes it's easy to listen.

Algunas veces es fácil escuchar.

Sometimes it's hard to listen.
There may be other things to see and hear.

Algunas veces es difícil escuchar.
Puede haber otras cosas para ver y escuchar.

I can keep trying to watch and listen to the speaker.
Each time I listen, I get better at it.

Puedo tratar de seguir observando y escuchando a quien está hablando.
Cada vez que escucho aprendo más cómo hacerlo.

Sometimes I listen and talk with other children.
My friends like it when I listen to them.

Algunas veces escucho y hablo con otros niños.
A mis amigos les gusta
cuando los escucho.

I like it when they listen to me.
Everyone likes to be heard.

Me gusta cuando ellos me escuchan.
A todos nos gusta ser escuchados.

Listening and talking helps me solve problems.
I can listen to how someone feels.

Escuchar y hablar me ayuda a resolver problemas.
Puedo escuchar cómo alguien se siente.

The person can listen to how I feel.
Listening helps us understand each other.

La persona puede escuchar cómo me siento.
Escuchar nos ayuda a entendernos unos a otros.

At home, I listen and talk with my family.
We talk about our day. We make plans.
We solve problems. We learn together.

En casa yo escucho y hablo
con mi familia.
Hablamos sobre lo que hicimos
en el día. Hacemos planes.
Resolvemos problemas.
Aprendemos juntos.

We show we care by talking and listening.

Demostramos interés
cuando hablamos y escuchamos.

Whenever I listen, I keep my body still.
I keep my mouth and hands quiet.
I watch with my eyes and hear with my ears.

Cuando escucho mantengo mi cuerpo calmado.
Mantengo mi boca callada y mis manos quietas.
Observo con mis ojos y escucho con mis oídos.

I think about what is said.

Pienso sobre lo que se está diciendo.

When I listen, I know I'm growing up.
I'm showing respect. I'm learning.
And that feels great!

Cuando escucho sé que estoy creciendo.
Estoy demostrando respeto. Estoy aprendiendo.
¡Y eso me hace sentir muy bien!

ABC123

Ways to Reinforce the Ideas in *Listen and Learn*

As you read each page spread, ask children:

- What's happening in this picture?
- Who's listening? How can you tell that the person is listening?

Here are additional questions you might discuss:

Pages 1–3

- What are some things the people in the picture are learning about?
- Why is it important to listen when the teacher talks?

Pages 4–9

- How do you use your body when you listen?
- How do you use your eyes when you listen?
- What are some ways listening helps you learn?
- What three things do you do when you listen?
- How does keeping quiet (looking at the speaker, thinking about what you hear) help you when you listen? How does it help other people?

Pages 10–11

- What does it mean to listen *carefully?*
- How can you get help if you don't understand something?

Pages 12–13

- What are some times we listen as a group?
- Why is it important to listen quietly in the group?
- Have you ever tried to hear a story when someone was making noise? What happened?
- How do you know when it's your turn to speak?

Pages 14–17

- Why is it important to listen to directions?
- What might happen if you don't hear the directions?
- How can we be sure everyone hears them?

Pages 18–19

- What are some times when it's easy to listen? Why is it easy to listen then?

Pages 20–21

- What are some times when it's hard to listen? Why is it hard?
- What can you do if you need help listening? *(In talking about distractions and listening, you may find it helpful to explain and discuss concepts like paying attention, ignoring other sounds, listening with "my whole self," or even "tuning in" and "tuning out" as ways to stay focused on listening. The language you choose will depend on the children. Some children may also find it easier to listen when holding something or sitting close to the teacher.)*

Pages 22–23

- How does it feel when someone listens to you?
- How do you think other people feel when you listen to them?
- Why is it nice to be listened to?

Pages 24–25

- What are some times when listening and talking can solve problems?
- What happens if people don't listen to each other when there's a problem?
- Have you ever tried to solve a problem when someone wasn't listening? What happened? Did you solve the problem? How would listening have helped?

Pages 26–27

- What are some things you like to talk about with your family?
- How does listening help people in families get along?

Pages 28–31

- Who are these children listening to? Why are they listening?
- What do you do with your body (mouth, hands) when you listen?
- How do your eyes help you listen?
- What is respect? How does listening show respect? *(You might explain respect by saying, "When you show respect to people, you show that you think they are important. Listening shows that you think a person's ideas are important.")*

Listening Games

Preparation: Photocopy the page that follows onto card stock; laminate the page if possible. Cut out the cards and place them in an envelope.

Note: The cards depict situations from preschool through grade 2. If some of the scenes won't be familiar to your group, adapt them to fit. You will also want to adapt the games' procedures if you are playing with an individual child rather than a group.

Who's Listening?

Level 1

Set out the two larger cards labeled "Careful Listening" and "Can Listen Better." Draw a card from the envelope, or have a child draw the card. Read or have a child read the card aloud. Ask: "Is this careful listening?" If it is, invite children to explain why. Then place the card in the "Careful Listening" pile. If it isn't, place the card in the "Can Listen Better" pile.

Level 2

After playing Level 1, collect the cards from the "Can Listen Better" pile. One at a time, read or have children read the cards and ask, "How can this child listen better?" or "How can this child be a more careful listener?" Reinforce the three listening skills (keep quiet, look at the speaker, think about what you hear) as well as responses about using the body, eyes, and ears and showing respect.

Listening Role Plays

Level 1

In this level, you enact scenes with the children. Draw a card from the envelope. Read it to a child or children who will then help you act out the scene on the card. Ask children, "What's happening? Is this careful listening?" If it isn't, ask children, "What would be a better way to listen?" or "What would be a more careful way to listen?" Have children help you act out the group's suggestions.

Level 2

In this level, children enact the scenes with less help from you. Have a child draw a card from the envelope. Read it to a child or children who will then act out the scene on the card. Ask children, "What's happening? Is this careful listening?" If it isn't, ask, "How can the person listen better?" or "What would be a more careful way to listen?" Have children act out the suggestions.

Level 3

Talk about other listening situations. Write children's suggestions on blank slips of paper or blank cards you have made, read them aloud, and invite children to enact them. Add the new cards to your set of listening situations and use them in future games.

Careful Listening		Can Listen Better	
ara folded her work-heet into an airplane ecause she already new what the eacher was saying.	The teacher told children to put their names on their papers. Luís was the first one done.	At recess, Luís's friend was explaining a new game, but Luís got bored and decided to leave.	When the teacher explained something new, Luís looked at her and thought about what she said.
uís whispered to his eighbor while the eacher told the group ow to line up for ie field trip.	While the teacher was talking to the class, Luís was looking under the table for his pencil.	Cara didn't under-stand what the teacher was talking about, so she drew on the back of her paper.	Cara was watching another class walk by, and she didn't hear the teacher say it was time for music.
uring storytime, the hildren sat on the oor. Cara played ith her friend's hair.	Cara listened to the directions for choosing a partner for a game, and found her partner right away.	When another child gave a book report, Cara was wondering what she would say for her turn.	During reading group, Cara followed along in the book as the children took turns reading.
uring show-and-tell, ara looked at her iend and heard him ell about a rock he ound when he was amping.	During spelling, Luís was counting his crayons and didn't hear the spell-ing word.	During art time, Luís watched his friends goof around and didn't hear the teacher say it was time to clean up.	At lunch, Luís talked to his friend about the past weekend. The friend said she went to the movies with her family.

Maneras para reforzar las ideas en *Escucha y aprende*

A leer cada página, pregunte:

- ¿Qué está sucediendo en esta ilustración?
- ¿Quién está escuchando? ¿Cómo puedes saber que la persona está escuchando?

Estas son otras preguntas adicionales que podrías hacer:

Páginas 1 a 3

- ¿Cuáles son algunas de las cosas que las personas están aprendiendo en esta ilustración?
- ¿Por qué es importante escuchar cuando la maestra habla?

Páginas 4 a 9

- ¿Cómo utilizas tu cuerpo cuando escuchas?
- ¿Cómo utilizas tus ojos cuando escuchas?
- ¿Cuáles son algunas de las maneras en que escuchar te ayuda a aprender?
- Nombra tres cosas que haces cuando estás escuchando.
- ¿Por qué el permanecer callado (mirando a quien habla, pensando sobre lo que estás escuchando) te ayuda cuando escuchas? ¿Cómo ayuda a otras personas?

Páginas 10 y 11

- ¿Qué significa escuchar *cuidadosamente*?
- ¿Cómo puedes recibir ayuda si no entiendes algo?

Páginas 12 y 13

- ¿Cuáles son algunos de los momentos que escuchamos en grupo?
- ¿Por qué es importante escuchar en silencio en un grupo?
- ¿Has tratado de escuchar una historia cuando alguien está haciendo ruido? ¿Qué pasó?
- ¿Cómo sabes que es tu turno para hablar?

Páginas 14 a 17

- ¿Por qué es importante escuchar instrucciones?
- ¿Qué podría suceder si no escuchas las instrucciones?
- ¿Cómo podemos estar seguros de que todos escuchan las instrucciones?

Páginas 18 y 19

- ¿Cuáles son algunos de los momentos cuando es fácil escuchar? ¿Por qué es fácil escuchar en ese momento?

Páginas 20 y 21

- ¿Cuáles son algunos de los momentos cuando es difícil escuchar? ¿Por qué es difícil escuchar en ese momento?
- ¿Qué puedes hacer si necesitas ayuda para escuchar? *(Al hablar sobre las distracciones y el escuchar, podrías encontrar beneficioso hablar y explicar conceptos como el poner atención, ignorar otros sonidos, escuchar "con todos mis sentidos" o también "sintonizarse" o "estar en sintonía" como medios para permanecer atento al escuchar. El lenguaje que utilices dependerá de los niños. Algunos niños pueden escuchar con más facilidad cuando sostienen algo en sus manos o cuando se sientan cerca de la maestra).*

Páginas 22 y 23

- ¿Cómo te sientes cuando alguien te escucha?
- ¿Cómo crees que otras personas se sienten cuando los escuchas?
- ¿Por qué es agradable cuando te escuchan?

Páginas 24 y 25

- ¿Cuáles son algunos de los momentos cuando el escuchar y hablar puede resolver problemas?
- ¿Qué sucede si las personas no se escuchan unas a otras cuando hay un problema?
- ¿Has tratado de resolver un problema cuando alguien no estaba escuchando? ¿Qué pasó? ¿Resolviste el problema? ¿Cómo el escuchar habría ayudado a las personas?

Páginas 26 y 27

- ¿Cuáles son algunas de las cosas que te gusta hablar con tu familia?
- ¿Por qué el escuchar ayuda a los miembros de las familias a llevarse mejor?

Páginas 28 a 31

- ¿A quién están escuchando estos niños? ¿Por qué están escuchando?
- ¿Qué haces con tu cuerpo (boca, manos) cuando escuchas?
- ¿Cómo te ayudan tus ojos a escuchar?
- ¿Qué es respeto? ¿Por qué el escuchar demuestra respeto? *(Podrías explicar el concepto de respeto diciendo: "Cuando demuestras respeto por las personas manifiestas que piensas que ellos son importantes. El escuchar demuestra que piensas que las ideas de una persona son importantes").*

Juegos para escuchar

Preparación: Fotocopia la página siguiente en papel de cartulina (si es posible lamina la página). Corta las tarjetas y colócalas en un sobre.

Nota: Las tarjetas representan situaciones desde el pre-kínder hasta el segundo grado. Si algunas de las escenas no son familiares para tu grupo, adáptalas para que se acomoden al grupo. También tendrías que adaptar el procedimiento de los juegos si estás jugando con un solo niño en lugar de un grupo.

¿Quién está escuchando?

Nivel 1

Separa las tarjetas más grandes marcadas como "Escuchando con cuidado" y "Puedo escuchar mejor". Selecciona una tarjeta del interior del sobre o pide a uno de los niños que la escoja. Léela o pide a uno de los niños que la lea en voz alta. Pregunta: "¿Se está escuchando con cuidado?" Si ese es el caso, anima a los niños a que expliquen el por qué. Luego coloca la tarjeta en el grupo de "Escuchando con cuidado". Si no es el caso, coloca la tarjeta en el montón de "Puedo escuchar mejor".

Nivel 2

Después de jugar el Nivel 1, junta las tarjetas del montón "Puedo escuchar mejor". Lee una tarjeta a la vez, o pide a un niño que las lea, y luego pregunta: "¿Cómo puede este niño escuchar mejor?" o, "¿Cómo puede este niño escuchar con más cuidado?" Refuerza las tres habilidades para escuchar (permanece callado, mira a quien está hablando y piensa sobre lo que estás escuchando) así como las respuestas sobre utilizar el cuerpo, los ojos y los oídos además de demostrar respeto.

Juegos de escuchar para ser actuados

Nivel 1

En este nivel representas las escenas junto con los niños. Selecciona una tarjeta del sobre. Léela al niño o a los niños que luego actuarán la escena que describe la tarjeta. Pregunta a los niños: "¿Qué está pasando? ¿Es esto escuchar con cuidado?" Si no es el caso, pregunta de nuevo: "¿Cuál sería una mejor manera para escuchar?" o, "¿Cuál sería una manera más cuidadosa para escuchar?" Pide a los niños que te ayuden a representar las sugerencias del grupo.

Nivel 2

En este nivel los niños representan las escenas sin recibir mucha ayuda de tu parte. Pide a uno de los niños que seleccione una tarjeta del sobre. Léela al niño o a los niños que luego actuarán la escena que describe la tarjeta. Pregunta de nuevo: "¿Qué está pasando? ¿Es esto escuchar con cuidado?" Si no es el caso, pregunta de nuevo: "¿Cómo puede una persona escuchar mejor?" o, "¿Cuál sería una manera más cuidadosa para escuchar?" Pide a los niños que interpreten las sugerencias.

Nivel 3

Habla sobre otras situaciones relacionadas con escuchar. Escribe las sugerencias de los niños en hojas de papel o en tarjetas que hayas fabricado, léelas en voz alta e invita a los niños a que las representen. Adiciona las nuevas tarjetas a tu montón de situaciones para escuchar y utilízalas en juegos posteriores.

Escuchando con cuidado		Puedo escuchar mejor	
:ara hizo un avión on su hoja de jercicios porque a sabía lo que la naestra estaba liciendo.	El maestro pidió a los niños que escribieran sus nombres en las hojas. Luís fue el primero en acabar.	Durante el descanso, el amigo de Luís estaba explicando un nuevo juego pero Luís se aburrió y decidió irse.	Cuando la maestra explicaba algo nuevo, Luís la miraba y pensaba sobre lo que ella había dicho.
uís le susurraba a u vecino mientras la naestra explicaba al rupo cómo hacer fila ara el paseo.	Mientras que el maestro hablaba en la clase, Luís estaba buscando su lápiz por debajo de la mesa.	Cara no entendió lo que el maestro estaba diciendo y se puso a dibujar en la parte de atrás de su hoja.	Cara estaba mirando a otra clase que pasaba a su lado y no escuchó cuando la maestra dijo que era el momento para la música.
.os niños se sentaron n el suelo mientras ue les contaban una istoria. Cara jugaba on el cabello de su miga.	Cara escuchó las instrucciones para escoger un compañero para el juego y así lo encontró de inmediato.	Cuando uno de los niños daba el reporte del libro, Cara estaba pensando sobre lo que iba a decir cuando le tocara su turno.	Durante la lectura de grupo, Cara siguió el libro al pie de la letra a medida que los niños tomaban turnos para leer.
)urante el juego de contar y mostrar', Cara niró a su amigo y lo scuchó hablar sobre ına roca que él había ncontrado cuando staba de campamento.	Durante el ejercicio de deletrear, Luís estaba contando sus crayolas y no escuchó decir la palabra que se deletreaba.	Durante la clase de arte, Luís miraba a sus amigos que estaban jugando y no escuchó al maestro decir que era el momento de limpiar.	A la hora del almuerzo, Luís habló con su amiga sobre el fin de semana pasado. Ella dijo que había ido al cine con su familia.

Acknowledgments

I wish to thank Meredith Johnson for her beautiful illustrations. I also thank Judy Galbraith and all those at Free Spirit who believed in this series. Special thanks go to Marieka Heinlen for the lovely design and to Margie Lisovskis who, as editor, has contributed her wonderful expertise and creativity. Finally, I am grateful to Mary Jane Weiss, Ph.D., whose insight, skill, and caring have done much to advance the field of teaching social skills.

Agradecimientos

Quiero agradecerle a Meredith Johnson por sus bellas ilustraciones. También quiero agradecerle a Judy Galbraith y a todos en Free Spirit que creyeron en esta serie. Muchísimas gracias a Marieka Heinlen por el lindo diseño y a Margie Lisovskis quien como editora ha contribuido con su maravillosa pericia y creatividad. Por último, estoy agradecida con Mary Jane Weiss, Ph.D., cuya perspicacia, habilidad y cuidado han hecho mucho por el avance en el conocimiento de habilidades sociales.

About the Author

Cheri J. Meiners, M.Ed., has her master's degree in elementary education and gifted education. The author of the award-winning Learning to Get Along® social skills series for young children and a former first-grade teacher, she has taught education classes at Utah State University and has supervised student teachers. Cheri and her husband, David, have six children and enjoy the company of their lively grandchildren.

Acerca de la autora

Cheri J. Meiners, M.Ed., tiene una maestría en Educación Primaria y Educación Dotada. Es autora de la galardonada serie sobre comportamiento social para niños Learning to Get Along®, fue maestra de primer grado, ha dictado clases de educación en la Universidad Estatal de Utah y ha supervisado a maestros practicantes. Cheri y su esposo, David, tienen seis hijos y disfrutan de la compañía de sus alegres nietos.